이스라엘을 향한 아버지 마음

†

요엘라 크루거

한국과 이스라엘 사이의 직항로가 열리고 정보통신의 발달로 세계가 하나 된 현 시대에서, 이스라엘은 이제 더는 먼 나라가 아닙니다. 약 2천 년 만에 하나님의 언약 속에서 기적적으로 다시 태어난, 지도상에서 아주 작은 나라 이스라엘. 날마다 생존을 위협받고 끊임없는 갈등과 전쟁이 일어나는 나라이지만, 그럴수록 하나님의 손길이 그들과 함께함을 나타내는 나라이기도 합니다.

성경의 예언대로, 지금 유대인들은 세계 각국에서 이스라엘로 돌아오고 있고, 하나님은 그들을 택하여 약속하셨던 말씀을 신실하게 이루고 계십니다.

그에 반해 전 세계적으로 반유대주의가 널리 퍼지고 있는데, 사실 이성적으로는 이러한 현상을 해석하기가 어렵습니다. 가장 좋은 논쟁이나 역사적 사실마저도 이를 이해하는 데 별다른 도움이 되지 못하는데, 왜냐하면 '살인자와 거짓말쟁이'(요 8:44)의 일들이 특별한 방법으로 전개되고 있기 때문입니다. 이들은 온갖 수단을 다해 하나님의 구원 사역 완성을 막고 있습니다.

이 소책자는 하나님이 사랑하시는 선민 유대인들에 대한 우리의 잘못된 고정관념을 깨뜨리고, 우리를 빛으로 인도해 줄 것입니다.

"돌을 제거하라"는 2005년 7월 스웨덴 웁살라(Uppsala) 유럽 컨퍼런스에서, "유대인의 왕은 어디 있는가?"는 2008년 5월 이스라엘 예루살렘 컨퍼런스에서 기독교 마리아 자매회의 요엘라 크루거(Joela Krüger) 자매님이 전한 내용입니다.

진리의 영, 성령님이 독자 여러분과 함께하셔서, 이 책을 통해 "지극히 존귀하며 영원히 거하시며 거룩하다 이름하는 이가 이와 같이 말씀하시되 내가 높고 거룩한 곳에 있으며 또한 통회하고 마음이 겸손한 자와 함께 있나니 이는 겸손한 자의 영을 소생시키며 통회하는 자의 마음을 소생시키려 함이라"(사 57:15)는 말씀을 체험하는 귀한 기회를 얻게 되시길 바랍니다.

마리아 자매회,
암브로시아(진인숙) 자매

돌을 제거하라

하나님의 선민 이스라엘을 돕는 세 단계

요엘라 크루거

울프 에크만(Ulf Ekman) 목사는 지난해 열린 유럽 컨퍼런스에서 이사야 40장 3-4절을 인용하며 주 여호와의 길을 예비하려면 먼저 우리의 마음에서 그 일을 시작해야 한다고 도전했다. 다음 말씀을 당신과 같이 나누고 싶다.

성문으로 나아가라 나아가라 백성이 올 길을 닦으라 큰 길을 수축하고 수축하라 돌을 제하라 만민을 위하여 기치를 들라(사 62:10).

이 말씀은 주님 오실 길을 예비하는 우리의 임무를 새로운 관점으로 제시한다. 이 말씀은 예루살렘에 남은 사람들에게 주어진 것이다. 하나님은 망명에서 돌아올 사람들을 위해 준비하라고 그들에게 말씀하신다. 우리역시 그분의 백성을 위해 길을 예비해야 한다.

겉으로 보면 전 세계의 수많은 사람이 주님께로 돌아오고 있다. 그야말로 기적이다. 그러나 우리의 준비는 여전히 미흡하다. 주님은 우리가 모두 참여하길 바라신다.

주님은 우리가 돌을 제거하길 바라신다. 돌을 제거하는 데는 힘이 많이 들지만, 돌을 제거해야만 장차 이스라엘을 돕는 데 필요한 견고한 기초를 마련할 수 있다.

우리는 세 가지의 돌을 제거해야 한다.

첫 번째 돌
하나님의 선민이 겪는 고통에 대한 무지

반드시 제거해야 할 가장 큰 돌은 나치 독일에서 일어난 일과 관련이 있다. 당시의 상황과 마주할수록 돌은 더 크게 느껴진다. 당신은 아마 "주님, 감사합니다. 저와는 상관없는 돌이군요"라고 말할지도 모르겠다. 그러나 주 여호와를 사랑하고 그분의 백성을 사랑하는 사람이라면, 이 무거운 돌을 제거하는 일에 동참해야 한다.

내 개인적인 경험으로 설명하고 싶다. 나는 독일인이다. 어렸을 때 나는 히틀러 치하에서 자행된 잔혹상을 다룬 다큐멘터리를 볼 기회가 있었다. 그때 본 영상은 지금까지도 생생하다. 내가 독일인이라는 사실이 부끄러웠다. 독일인 때문에 겪은 유대인의 고통과 그에 대한 죄책감은 어린 내가 견디기에 너무 버거웠다. 그래서 나는 그 고통스러운 역사에 대한 부담을 외면한 채 그저 삶을 즐기려 했다. 내가 어릴 때 우리 집에는 은세공 상자가 있었는데, 어머니는 그 안에 라즈베리 사탕을 넣어 두셨다. 그리고 언니와 내가 땔감 쌓는 일을 도와드릴 때마다 사탕을 꺼내 주셨다. 그 상자는 유대인 볼프 씨에게 물려받은 거라고 했는데, 솔직히 나는 볼프 씨에 대해 전혀 궁금하지 않았다. 그가 어떤 삶을 살았으며 어떻게 되었는지 전혀 알고 싶지 않았다. 나는 아픈 우리 역사에서 완전히 등 돌리고 있었던 것이다. 마리아 자매회에 들어가서도 오랜 시간이 흐르고 나서야 주님은 나의 태도를 바꾸셨다. 물론 나는 전쟁 이후에 태어나긴 했지만, 나의 무관심은 히틀러 치하 당시의 독일 국민과 별반 다르지 않은 것이리라 생각한다.

당신의 국가 역시 이와 비슷한 태도로 유대인을 대했을 거라 생각한다. 외면해 버리는 것이다. 이미 알지만, 모르고 싶어 한다. 관련 맺는 일조차 거부한다. 이런 태도를 일컬어 중립성이라고 한다. 독일인의 책임을 조금이라도 덜려고 이렇게 말하는 게 아니다. 누구나 의식하지 못하는 사이에 사실을 외면할 수 있음을 알리고 싶을 뿐이다. 우리 마음속에는 우리의 이기적인 관심사가 가득하다. 그래서 강도를 만난 사람을 그냥 지나쳐 버린 제사장과 레위인처럼 행동할 가능성이 다분하다.

이스라엘을 향한 첫 번째 장애물은 바로 우리의 무관심과 사랑의 부족이다. 하나님의 백성을 위한 대로를 마련하려면, 최소한 그들의 고통스러운 과거에 관심을 보여야 한다. 시간을 내서 책을 읽고 질문하고 듣고 기도해야 한다. 이게 사랑이다. 그렇지 않으면 하나님의 백성을 위한 길을 예비할 수 없다. 이스라엘에 대한 자료가 많으니 찾아서 읽어 보라. 특히

11개 언어로 번역된《기독교의 책임》(*The Guilt of Christianity*)이 있다.

우리 그리스도인들은 지난 2천 년 동안 하나님의 선민인 이스라엘인들에게 끊임없이 깊고 고통스러운 상처를 주었다. 우리는 깊이 통회해야 한다. 그래야만 이스라엘 민족의 마음이 열리고 돌이 제거되어, 그들이 메시아를 인정하게 될 것이다.

두 번째 돌

죄로 가득한 우리의 마음에 대한 무지

유대인과 대화하다 보면 "당신은 정말 괜찮은 사람이다"라는 말을 종종 듣는다. 오랫동안 사람들 때문에 고통 받았던 유대인들은, 조금이라도 달라 보이는 사람을 만나면 빛을 본 것처럼 반가워한다. 국민 대부분 세례교인인 나라에서 아우슈비츠 수용소 같은 것을 만들었다니, 이해하기 어렵다. 사실, 당시 상황을 온전히 이해할 수 있는 사람은 전혀 없다. 우리 마음 한편에는 인간의 선한 본성을 기대하는 마음이 있기 때문이다. 이런 생각을 인본주의적인 이상주의적 태도라고 한다. 창세기 8장 21절을 보면 "이는 사람의 마음이 계획하는 바가 어려서부터 악함이라"고 한다. 로마서 3장 12절을 보자. "선을 행하는 자는 없나니 하나도 없도다." 바울은 자신에 대해 이렇게 말했다. "내 속 곧 내 육신에 선한 것이 거하지 아니하는 줄을 아노니 원함은 내게 있으나 선을 행하는 것은 없노라" (롬 7:18). 이것이 사실이지만, 많은 유대인과 그리스도인들은 이상주의적인 생각을 품는다. 그래서 진실을 보지 못하고, 아우슈비츠 같은 일은 두 번 다시 일어나지 않을 거라 생각한다. 나 역시 그렇다. 60년 전과 같은 일이 되풀이되지 않을 거라 생각한다. 그러나 지난 60년 동안 인류는 어떠했는가? 더 나은 쪽으로 개선되었는가? 오히려 그 반대인 듯하다. 심지어 아이들은 악마를 친구로 생각하는 듯하다.

아우슈비츠에 대해서 많이 듣고 읽고 알았지만, 그곳을 직접 방문했을 때의 충격은 이루 말할 수 없이 엄청났다. 인간이 그토록 잔인할 수 있다니! 크게 소리 지르고 싶었지만 그럴 수 없었다. 아우슈비츠에 갔던 이틀만큼 아무런 반응조차 할 수 없었던 때는 내 평생 처음이었다. 기도를 해도 하늘 문이 닫힌 느낌이었다. 이후 주님은 유대인의 기도서인 시편을 통해 중요한 사실을 깨닫게 해주셨다. 십자가에 달리신 예수님의 울부짖음을 기억하는가. "엘리 엘리 라마 사박다니!" 주님은 "나의 하나님, 나의 하나님, 어찌하여 나를 버리셨나이까?"라고 외치셨다. 이 외침에서 아우슈비츠의 극심한 고통이 느껴진다. 아우슈비츠에서 자행된 모든 악행과 고문과 가혹 행위 등을 생각하면, 지상지옥이 따로 없다. 문득 '영원한 지옥의 나락으로 떨어지면 어떻게 될까?'라는 생각이 들었다. 예수님께 지옥은 현실이었다. 예수님은 우리를 지옥에서 구원하시려고 자신의 목숨을 버리셨다. 하나님을 모르는 세상과 우리 각자가 처한 위험이 얼마나 심각한지 아시기에 우리에게 경고하신다. 그러나 이상주의적인 생각에 빠진 우리 그리스도인들은 우리의 죄성과 지옥에 대해 말하기를 꺼린다. 오히려 기독교 세계의 금기어로 취급한다. 즉시 사람들의 마음이 불편해질 것을 알기 때문에 아무도 입 밖에 꺼내지 않는다. 그러나 우리는 예수님의 경고에 귀 기울여야 한다. 지옥의 심연은 우리 마음에 있는 죄의 심연과 일치한다.

작년에 나는 아우슈비츠 재판 40주년을 기념하는 행사에 참석했다. 행사는 실제 그 재판이 열렸던 프랑크푸르트에서 열렸다. 행사장에는 피의자들의 사진과 재판의 육성자료 및 문서들이 있었다. 그중에서 내 마음속 깊은 곳을 찌르는 것이 있었다. 독일 주간지 〈데어 스턴〉에 실린 기사로, 제목이 "살인자들도 우리와 별반 다르지 않다"였다. 우리 모두 이 제목을 놓고 깊이 생각해 봐야 한다. 그렇지 않으면 자신을 스스로 속이고 바리새인처럼 행동하면서 살아갈지도 모른다.

오스왈드 챔버스의 《주님은 나의 최고봉》(토기장이 역간)이라는 책이 있다. 이 책에서 챔버스는 우리 모두 범죄자가 될 가능성이 있으며, 어떤 일을 저지를지 알 수 없다고 강조한다. 우리가 그나마 선하다면 주 여호와의 은혜다. 괜찮은 가정에서 자랐거나 열심히 기도하는 할머니가 계셨거나 좋은 선생님이나 우리를 바른 길로 인도해 준 사람을 만난 덕분이다. 본래 선해서 다른 사람들보다 괜찮은 사람으로 보이는 게 아니다. 모두 주님의 은혜다.

두려워하지는 마라. 주님은 죄로 가득한 우리의 마음을 일순간에 드러내시는 분이 아니다. 우리가 견딜 수 없다는 것을 잘 아신다. 예수님은 최고의 상담가시다. 우리에게 빛을 주시는 성령님을 통해 우리 안에서 일하신다. 성령님은 우리가 자신의 마음을 살피고 아름다운 구세주를 깨닫게 해주신다. 그럼으로써 우리가 절망에 빠지지 않고 참된 기쁨과 사랑과 감사를 경험하게 하신다. 이것이 바로 복음이다! 예수님은 "사함을 받은 일이 적은 자는 적게 사랑하느니라"(눅 7:47)라고 말씀하셨다. 죄로 가득한 내 성품은 오히려 나에게 유익이다. 전보다 예수님을 더 사랑하는데 도움이 되기 때문이다. 나는 내 약함을 잘 알고, 그래서 계속 예수님과 가까이 있으려고 노력한다. 이러한 친밀함은 놀라운 결과를 낳는다. 내 성품이 하나님의 형상으로 바뀌는 것이다. 물론 이는 한 번에 일어나지 않고 여러 단계에 걸쳐 일어난다. 이 길은 매우 쉽고 축복된 길이다. 모든 사람에게 열려 있다. 우리는 그저 지금 서 있는 '오만한 자리'에서 내려와 예수님의 품에 안기면 된다. 결코 큰 대가가 아니다.

바실레아 슐링크의 《더는 똑같지 않다》(You Will Never Be The Same)라는 책이 있다. 이 책은 무려 27개 언어로 번역되었는데, 러시아의 한 기독교 신문에서는 이 책의 내용을 일부 실었을 정도다. 이 책에서 바실레아 슐링크는 변화에 대한 성경의 기본 원리를 소개한다. 우리는 진리와의 대면, 예수님의 용서, 믿음의 싸움을 통해 천국의 선물을 마음으로 경험한다. 그것은 바로 예수님을 향한 더 큰 사랑이다!

우리는 이스라엘이 인간의 선한 본성이 아닌 하나님을 신뢰하도록 그들에게 영적인 도움을 줄 수 있다. 그들이 사람을 의지하는 대신에 주 여호와를 바라보도록 도와주는 것이다.

먼저 우리의 이상주의적인 사고를 제거하자. 우리의 교만과 자기의 (self-righteousness)라는 돌도 없애자. 그러면 이스라엘은 메시아의 오실 길을 예비하는 일에 촉매제로 사용될 것이다.

세 번째 돌

주 여호와의 고통에 대한 무지

주 여호와를 믿는 사람은 하나님의 무한한 사랑, 수많은 기도 응답과 치유, 심지어 기적까지 경험한다. 그러나 매우 절박하게 기도를 했음에도 응답받지 못할 때가 있다. 하나님의 임재를 전혀 느끼지 못할 때도 있다. 하나님이 어둠 속에 몸을 감추고 침묵하신다는 느낌이 든다. 우리가 속한 교회와 모임에서는 하나님이 침묵하실 때 어떻게 해야 하는지 충분히 알려 주지 않는다. 매우 심각한 문제다. 이러한 상황에 대한 준비가 되어 있지 않다면, 믿음의 시험에서 넘어져 버릴 게 분명하다. 실망하고 좌절하며, 처음 사랑과 열정을 잃어버린다. 심지어 믿음까지 저버린다.

언젠가 나를 향한 말씀으로 "누구든지 나로 말미암아 실족하지 아니하는 자는 복이 있도다"(마 11:6)라는 말씀을 받았다. 상황이 내 기대와는 정반대로 흘러갈 때마다 나는 이 말씀을 붙잡았다. 바실레아 슐링크의 기도는 믿음의 시련을 지나는 우리에게 큰 힘이 된다.

"아버지, 저는 당신을 이해하지 못하지만 당신을 신뢰합니다."

우리에게 일어나는 모든 일은 이스라엘 백성이 감내해야 했던 시련에 비할 수가 없다. 유대인 가족의 삶을 보면 내 말을 금방 이해할 수 있다. 그들의 삶은 유대교 경전인 타나크(Tenach)에 기록된 내용, 즉 하나님이 의인은 구하고 상을 주시며 악인은 벌하신다는 말씀과 정반대로 흘러갈 때가 많았다. 유대인 학살 당시 독일인은 경건한 신자들과 불경건한 사람들을 모두 죽였다. 150만에 달하는 무고한 아이들까지 목숨을 잃었다. 이런 의문이 생긴다. "아우슈비츠에서 하나님은 어디 계셨는가?" 2004년 크리스마스에 수많은 사람을 덮친 쓰나미 역시 흑암의 실체를 조금이나마 보여 준다. 주 여호와께서 모든 믿는 사람을 보호하신다는 말만으로는 어딘가 부족해 보인다.

이스라엘은 여전히 고통 속에 있다. 독일에서 히틀러가 유대인 학살을 계획했던 것과 비슷한 상황이 오늘날 중동에서도 벌어지고 있다. 아랍 방송의 뉴스 보도는 영어로 이루어질 때도 있고 아랍어로 이루어질 때도 있는데, 특히 아랍어 보도를 주의 깊게 들어보라. 아랍계가 원하는 것은 팔레스타인 독립국이 아니다. 이스라엘 땅에서 모든 유대인을 몰아내는 것이다. 아랍의 지도에서는 이스라엘을 찾을 수 없다. 독일어에는 '유덴라인'(judenrein)이라는 말이 있는데, 이는 한 지역에서 유대인을 모두 축출하는 것을 의미한다. 결국 이것이 문제의 근원이다. 유대인의 생존이 달린 문제다. 우리는 주님이 반드시 약속을 지키시며 유대 민족이 그들의 땅에서 축출되도록 내버려 두지 않으신다는 사실을 신뢰한다. 그러나 이스라엘은 극심한 믿음의 시험을 통과해야 한다.

그렇다면 우리는 믿음의 시험을 어떻게 견딜 수 있을까? 이스라엘의 편에 신실하게 서려면, 이를 반드시 생각해 보아야 한다. 우리에게 필요한 권세를 얻으려면 어떻게 해야 할까?

빌립보서 3장에서 사도 바울은 자신의 삶에 대해 이야기한다. 7-14절에 나오는 바울의 한 가지 열망은 하나님을 더 깊이 아는 것이다. 중요한 말씀은 바로 10절이다. "내가 그리스도와 그 부활의 권능과 그 고난에 참여함을 알고자 하여 그의 죽으심을 본받아."

우리는 그리스도 부활의 권능을 알고 싶은 열망이 신앙의 최고 정점일 것이라 생각한다. 그러나 바울은 그 이상을 원했다. 그리스도의 고통, 심지어 죽음에도 동참하길 원했다. 어찌 보면 예수 그리스도 부활의 능력은 바울에게 그리스도의 고난에 동참할 힘을 주었다고 할 수 있다. 부활의 능력은 현대를 사는 우리에게도 똑같은 역할을 한다. 바울의 말에는 그리스도의 신부, 그리스도를 향한 신부의 열정적인 사랑에 대한 비밀이 담겨 있다. 아가서 말씀을 보자. "사랑은 죽음같이 강하고 질투는 스올같이 잔인하며 불길같이 일어나니 그 기세가 여호와의 불과 같으니라 많은 물도 이 사랑을 끄지 못하겠고 홍수라도 삼키지 못하나니"(아 8:6-7). 이런 사랑이 없이는 결코 하나님이 사랑하시는 백성의 편에 설 수 없다. 우리는 그리스도의 부활과 승리의 능력을 힘입어 극심한 고통 속에서도 믿음의 시험을 통과할 수 있다. 이제 이것을 우리의 일상생활에 적용해 보자.

기대했던 사랑과 인정을 받지 못하고 거부당하며 모욕받고 비난받을 때 우리는 수치와 외로움, 모욕당하셨던 주님의 고통을 생각할 수 있다. 우리에게는 평안과 기쁨이 넘친다. 사랑하는 주님과 하나로 연합했기 때문이다. 좋은 이미지를 유지하고자 힘들게 싸우고 노력할 필요도 없다. 신부는 신랑에게 속했으며 한 걸음, 한 걸음 신랑을 따라간다. 바실레아 슐링크가 이야기하는 삶의 비밀도 바로 거기에 있다. 우리도 한 걸음씩 그분을 따라가다 보면 더 큰 고통을 견딜 힘을 얻게 된다. 핍박과 죽음까지 견딜 수 있다.

오랜 세월, 하나님의 백성인 이스라엘은 말로 표현할 수 없는 수치를 당했다. 이사야 53장을 보면 유대 민족이 겪은 거절과 증오가 어떠한지 알 수 있다. "그는 멸시를 받아 사람들에게 버림 받았으며 간고를 많이 겪었으며 질고를 아는 자라 마치 사람들이 그에게서 얼굴을 가리는 것 같이 멸시를 당하였고 우리도 그를 귀히 여기지 아니하였도다"(사 53:3). 그들은 고통에 대한 설명도 듣지 못했다. 아무도 풀 수 없는 수수께끼였다. 그러나 그들의 모든 의문을 풀 방법이 하나 있다. 메시아의 고통 속에서 자신들의 정체성을 발견하면 된다. 이 일이 일어나려면, 우리가 먼저 그리스도 안에서 우리의 정체성을 발견해야 한다. 그래야만 우리가 그토록 고대하던 탄생이 가능하다. 가장 아름다운 신부인 이스라엘의 탄생 말이다.

요한계시록 12장 11절에서 주님은 마지막 때에 신부에게 기대하는 바를 말씀하신다. 여기에는 신부가 어떻게 고통을 극복하는지가 나온다. "또 우리 형제들이 어린양의 피와 자기들이 증언하는 말씀으로써 그를 이겼으니 그들은 죽기까지 자기들의 생명을 아끼지 아니하였도다."

먼저 '어린양의 피'가 등장한다. 어린양의 피에는 지옥을 무찌르는 천국의 권능이 있다. 그래서 수많은 책과 찬송가에 어린양의 피를 찬양하는 내용이 나온다.

그다음에는 '자기들이 증언하는 말씀'이 나온다. 여기서의 증언은 가벼운 간증이 아니다. 많은 대가를 치르고, 심지어 목숨까지 내놓아야 한다. 자살테러자들은 증오 때문에 죽음을 택한다. 그러나 어린양을 따르는 자들은 사랑 때문에 죽음을 택한다. 이런 사랑만이 진실하고 거룩하다. 자신의 생명까지 희생할 수 있는 사랑 말이다! 요한계시록에는 죽임당한 어린양이 여러 차례 등장한다. 어린양의 신부는 자기 생명을 기꺼이 포기함으로써 예수 그리스도의 사랑을 나타내야 한다.

나 자신이 얼마나 연약한 존재인지 나는 잘 안다. 나는 믿을 만한 존재가 못 된다. 오직 예수 그리스도만을 신뢰할 뿐이다. 예수 그리스도 부활의 능력이 연약한 내 몸을 통해서 성취될 것이다.

열방의 신부는 이스라엘의 신부 없이 완성될 수 없다. 이스라엘은 주님의 장자다. 그리고 이스라엘의 신부가 바로 첫 열매다. 이스라엘 없이는 누구도 문에 이스라엘 열두 지파의 이름이 새겨진 하나님의 성에 들어가지 못한다. 예수님을 사랑하는 유대 그리스도인들의 말을 들어보면, 이 신부의 열정적인 사랑을 엿볼 수 있다. 우리는 이스라엘의 신부들을 준비하는 일을 도와야 한다.

울프 에크만 목사는 우리가 '은혜의 마지막 순간'에 살고 있다고 했다. 이 소중한 시기를 주 여호와와 이스라엘을 위해 사용하자. 그래서 주의 영광이 온 열방에 퍼져나가게 하자.

기도

PRAY FOR ISRAEL

주님, 이스라엘과의 사랑이라는 주님의 목표에 동참할 수 있도록 우리를 준비시켜 주십시오. 주님이 사랑하시는 선민의 고통에 동참할 수 있게 해주십시오.

우리가 이처럼 중요한 은혜의 때에 살 수 있게 해주셔서 감사합니다. 한없이 연약하고 작디작은 우리가 거대한 돌들을 제거할 수 있게 해주셔서 감사합니다. 가장 힘없고 연약한 우리가 주님의 백성을 위해 대로를 마련하게 하시니 감사합니다. 주님이 주신 힘으로 이 모든 일을 하게 하시니 감사합니다.

주님 사랑의 마음, 주 여호와시요 믿음의 처음과 나중이시며 가장 높은 보좌에 앉으신 어린양이고, 우리의 신랑이며 이스라엘의 왕이신 주님께 우리를 온전히 바칩니다. 아멘.

유대인의 왕은 어디 있는가?

21세기를 사는 그리스도의 교회에 질문하다

요엘라 크루거

'이스라엘과 유대 민족'이라는 주제 앞에서 사람들은 종종 불안한 기색을 보인다. 왜 그럴까? 이에 대해 의견이 분분하다. 그러나 이러한 열띤 논쟁이 벌어지는 동안 한쪽에서는 무관심한 반응을 보인다. 해당 주제에 대한 지식도 전혀 없는 듯하다. '이스라엘과 유대 민족'이라는 주제는 고통과 죄책감으로 이어진다. 우리 조국, 우리 가족, 심지어 나 자신이 느끼는 죄책감이다. 선택받은 백성과 이해할 수 없는 하나님이라는 신비가 우리 앞에 놓인다.

많은 사람이 이러한 주제를 회피한다. 그들은 앞서 여러 사람이 내놓은 주장과 논쟁 뒤에 숨는다. 그리스도인인 우리는 자칫 욥의 친구들처럼 될 위험이 있다. 그들이 늘어놓는 말은 모두 옳았지만, 하나님의 눈에는 전혀 옳지 않았다. 가장 적절한 반응은 하나님의 말씀에 잠잠히 귀 기울이는 것이다. 그것이 바로 지금 우리가 하려는 일이다.

1938년 11월 9일, 나치 대원들이 독일 전역의 유대인 가게를 약탈하고 250여 개 유대교 회당에 불을 지르는 사건이 발생했다. 이를 '수정의 밤'이라고 한다. 사람들은 이 사건을 추모하지만, 시간이 흐를수록 의미가 퇴색되고 있다. 어떤 사람들은 이미 70년이나 넘었는데 언제까지 추모 행사를 해야 하냐며 의문을 제기한다. 그래도 다행히 추모비, 기념관, 연설문, 기념식, 수많은 문학작품 등을 통해 '잊지 말자'는 노력을 하는 사람이 아직 많다. 그러나 이것으로는 결코 충분하지 않다. 기억하며 추모하는 것만으로는 문제의 근본 원인을 제거할 수 없기 때문이다.

잡초를 보면 어떻게 해야 하는가? 뿌리까지 통째로 뽑아야 한다. 윗부분만 조금 잘라내서는 별로 소용이 없다. 우리가 제거하려고 끊임없이 노력함에도 반유대주의라는 잡초는 세계 곳곳에서 계속 자라고 있다. 이 문제의 뿌리를 제거하려면, 먼저 역사를 돌아보아야 한다.

✝

신약성경의 도입부에서 우리는 이런 질문과 대면한다. "유대인의 왕으로 나신 이가 어디 계시는가?"(마 2:2) 예수님의 참된 정체성을 잘 설명하는 질문이다. 그분은 왕이다. 게다가 특정 민족의 왕이다. 그러나 이 때문에 결국 예수님을 죽이라는 명령이 내려진다. 헤롯 왕은 새로 태어난 왕을 없애고자 베들레헴 지역에서 태어난 아기를 모두 죽인다.

만왕의 왕이요 만물의 주인이신 예수님을 향한 공격은 오늘날에도 여전하다. 하나님을 무효화 하려고 유대 민족을 목표물로 삼는다. 유대인을 향한 비이성적인 증오의 근원은, 나보다도 훨씬 강하고 대단해 보여서 내 자리를 위협하는 듯한 상대에게 보이는 증오심과 같다. 헤롯 왕의 반응도 그러하다. 이런 증오심은 결국 하나님을 향한 증오심으로 이어진다.

30년의 무명 시절을 보낸 예수님은 겨우 3년 동안 대중 사역을 하셨다. 고난 받게 되신 예수님에게 총독은 이런 질문을 던진다. "네가 유대인의 왕이냐?"(마 27:11) 이후 예수님은 군병들에게 조롱받고, 가시 면류관까지 쓰신다. 군병들은 예수님에게 침을 뱉고 머리를 치며 외쳤다. "유대인의 왕이여 평안할지어다"(마 27:29). 십자가에 달리신 예수님의 머리 위에는 '유대인의 왕 예수'(마 27:37)라는 죄명이 붙었다. 로마 군인들은 이 말을 히브리어, 헬라어, 라틴어로 적음으로써 더 많은 사람 앞에서 수치를 주고자 했다.

태어나실 때부터 돌아가실 때까지, 예수님은 그분의 백성과 긴밀히 연결되어 있었다. 예수님을 핍박하고 책망하는 자는 곧 그의 백성에게 그렇게 하는 것이다. 예수님의 백성을 핍박하고 책망하는 자는 곧 예수님께 그렇게 하는 것이다. 우리는 유대인의 왕이신 예수님 덕분에 영원한 구원을 받았으면서도 예수님과 그의 백성을 분리하는 것이 당연하다고 생각한다. 우리만 자비와 축복을 받으면 됐지 그의 백성이 받는 심판과 저주까지 신경 써야 하느냐고 반문한다.

이스라엘은 하나님의 장자(출 4:22)며 우리의 첫째 형제다. 그러나 2천 년에 달하는 기독교 역사에서 우리는 이스라엘을 별로 중요하지 않은 존재로 대했다. 예수님은 마태복음 25장에서 심판을 말씀하시면서 '형제 중에 지극히 작은 자 하나'를 언급하신다. 예수님은 사회에서 소외받은 사람들을 우리가 도와주었는지 물어보는 데서 끝내지 않으신다. 그분은 첫째로 두셨으나 우리는 마지막으로 두며 하찮게 치부했던 사람들, 바로 그들을 어떻게 대했는지 물어보신다. 그들은 바로 유대 민족이다.

예수님은 형제 중에 지극히 작은 자가 누구인지를 설명하시면서, 그 작은 자를 제대로 섬기지 못하는 것이 곧 예수님을 제대로 섬기지 못하는 것이라고 말씀하셨다. 선별과 분리 후에는 심판이 뒤따른다. 독일인에게는 매우 익숙한 일이다. 모든 민족 가운데 하나님의 백성이 가장 무자비한 대접을 받았다. 그들을 비하하고 존엄성을 짓밟는 크고 작은 사건들이 수세기 동안 되풀이하여 일어났다.

✝

최근 한 유대 여성이 어린 시절에 겪은 이야기를 들려주었다. 그 여성이 학교에서 가장 좋아했던 수업은 기독교 수업이었다고 했다. 성탄절이 다가오자 학교에서 연극을 준비하게 되었다. 그는 마리아 역을 맡고 싶었다. 그래서 마리아 역을 시켜 달라고 했는데, 이런 반응이 돌아왔다. "말도 안 돼! 너는 유대인이잖아." 그러면 천사나 목자 역할을 맡게 해 달라고 했지만, 그것도 안 된다고 했다. 사소한 사건처럼 들릴지 모르지만, 이 이야기는 우리 그리스도인들이 얼마나 눈이 멀고 교만해 있는지 여실히 보여 준다.

더는 위와 같은 사건이 일어나서는 안 된다. 우리는 그렇게 하도록 노력할 수 있다. 이곳 독일에서는 반차별법이 제정되었고, 사회 전반에서 관용을 외치고 있다. 심지어 어떨 때는 전통적인 기독교 가치를 희생하면서까지 관용을 주장한다. 중동 사태를 다루는 보도를 유심히 보면, 이중 잣대를 볼 수가 있다. 미디어의 편향성에서 벗어나기란 쉽지 않다. 그리스도인들도 많이 영향 받고 있다.

나는 유대 민족을 이상화 하려는 게 아니다. 성경에 언급된 말씀을 기반으로 말할 뿐이다. 유대인들도 우리와 마찬가지로 구속이 필요하다. 문제는 우리가 왜곡되고 기만적인 이중 잣대에 익숙해 있다는 것이다.

✝

조금씩 형태는 다르지만, 우리는 대부분 우리도 모르는 사이에 형성된 오랜 교만을 갖고 있다. 교회인 우리가 신약시대 언약의 백성이며 유대인을 대신한다고 생각한다. 그래서 구약시대 언약의 백성인 유대인을 마음대로 비판하고 판단할 권리가 있다고 생각한다. 그러나 예수 그리스도의 보혈 안에 있는 새로운 언약은 원래 이방인이 아니라 유대인과 맺어진 것이다. 우리는 이 점을 기억해야 한다. 다만 하나님의 은혜로, 오순절 이후 그 언약이 이방인에게까지 확대된 것이다. 그러나 우리는 눈이 먼 나머지 옛 언약의 백성을 책망하고 깊은 상처를 줌으로써 예수님까지 책망하는 잘못을 범했다. 오랜 세월 우리 때문에 그분의 고통은 계속 되었다. 우리는 왕을 원하면서도 그분의 백성을 거절했다.

✝

격동의 시기를 지나는 우리에게 가장 믿음직한 기준은 바로 성경이다. 이를 근본주의적인 말로 들을지도 모르겠다. 때로 세상은 성경을 믿는다고 말하는 사람들을 근본주의자라면서 비난한다. 예수님이 거짓의 아비(요 8:44)이자 세상의 임금(요 12:31)이라고 했던 하나님의 원수 사탄은 우리가 성경을 선별적으로 해석하게 한다. 그래서 중요한 문제를 보지 못하게 한다. 그래야 세상을 향한 하나님의 계획과 그 성취를 우리가 모르게 되기 때문이다.

바울이 로마서 9-11장에서 말한 대로 이스라엘과 교회를 향한 하나님의 놀라운 구원 계획이 무시되는 이유도 바로 사탄의 계략 때문이다. 우리는 이렇게 기도해야 한다. "진리의 영이신 성령님, 오셔서 우리를 진리로 인도하소서. 우리의 눈을 여시고 새롭고 올바른 명철로 이끄소서."

성경에 나오는 예언의 말씀들은 다양한 해석이 가능하며 여러 단계로 성취된다. 여러 말씀 중에서도 특별히 현 시대와 관련이 깊은 말씀에 집중할 필요가 있다.

1938년 11월 9일, 독일에서는 집단 학살이 일어났다.

영구히 파멸된 곳을 향하여 주의 발을 옮겨 놓으소서 원수가 성소에서 모든 악을 행하였나이다 주의 대적이 주의 회중 가운데에서 떠들며 자기들의 깃발을 세워 표적으로 삼았으니 그들은 마치 도끼를 들어 삼림을 베는 사람 같으니이다 이제 그들이 도끼와 철퇴로 성소의 모든 조각품을 쳐서 부수고 주의 성소를 불사르며 주의 이름이 계신 곳을 더럽혀 땅에 엎었나이다 그들이 마음속으로 이르기를 우리가 그들을 진멸하자 하고 이 땅에 있는 하나님의 모든 회당을 불살랐나이다(시 74:3-8).

1948년에도 비슷한 사건이 발생했다.

그러나 보라 날이 이르리니 다시는 이스라엘 자손을 애굽 땅에서 인도하여 내신 여호와께서 살아 계심을 두고 맹세하지 아니하고 이스라엘 자손을 북방 땅과 그 쫓겨났던 모든 나라에서 인도하여 내신 여호와께서 살아 계심을 두고 맹세하리라 내가 그들을 그들의 조상들에게 준 그들의 땅으로 인도하여 들이리라(렘 16:14-15).

이스라엘이라는 국가가 설립된 날에는 수많은 사람이 놀라움을 금치 못했다.

이러한 일을 들은 자가 누구이며 이러한 일을 본 자가 누구이냐 나라가 어찌 하루에 생기겠으며 민족이 어찌 한순간에 태어나겠느냐(사 66:8)

다음 말씀도 우리의 현 상황과 비슷하다. 방송 보도로 알 수 있듯, 어느

한 국가만이 아니라 이스라엘의 주변국들이 최종 해결을 외치고 있다. 이번에는 몰라서 그랬다고 변명할 수 없다.

> 무릇 주의 원수들이 떠들며 주를 미워하는 자들이 머리를 들었나이다 그들이 주의 백성을 치려하여 간계를 꾀하며 주께서 숨기신 자를 치려고 서로 의논하여 말하기를 가서 그들을 멸하여 다시 나라가 되지 못하게 하여 이스라엘의 이름으로 다시는 기억되지 못하게 하자 하나이다(시 83:2-4).

이어지는 말씀에는 현재의 이름으로 변경되기 전의 여러 국가 이름이 등장한다. 이 모든 일이 바로 우리 눈앞에서 일어나고 있다. 말씀이 성취될 때, 주님은 모든 나라를 적절히 치리하실 것이다. 원가지(롬 11:21)를 아끼지 않으셨던 하나님은 이스라엘의 감람나무에 접붙임 된 가지들도 아끼지 않으신다.

> 내가 너를 흩었던 그 나라들은 다 멸할지라도 너는 사라지지 아니하리라 (렘 46:28).

> 내게 말하는 천사가 내게 이르되 너는 외쳐 이르기를 만군의 여호와의 말씀에 내가 예루살렘을 위하며 시온을 위하여 크게 질투하며 안일한 여러 나라들 때문에 심히 진노하나니 나는 조금 노하였거늘 그들은 힘을 내어 고난을 더하였음이라(슥 1:14-15).

보라 그날 곧 내가 유다와 예루살렘 가운데에서 사로잡힌 자를 돌아오게 할 그 때에 내가 만국을 모아 데리고 여호사밧 골짜기에 내려가서 내 백성 곧 내 기업 인 이스라엘을 위하여 거기에서 그들을 심문하리니 이는 그들이 이스라엘을 나 라들 가운데에 흩어 버리고 나의 땅을 나누었음이며(욜 3:1-2).

하나님은 지구상에서 한 특정 지역에 특별히 마음을 쏟으셨다. 예수님 이 다시 오실 지역은 예루살렘이 될 것이다. 그리고 그분은 감람 산에 서 실 것이다(슥 14:4). 하나님의 성에 들어가려는 사람들은 이스라엘의 열두 지파 이름이 새겨진 문을 통과해야 한다(계 21:12). 그 성의 열두 기초석에 는 열두 사도의 이름이 있다(계 21:14). 예수님의 말씀대로 "구원은 유대 인에게서 나온다"(요 4:22).

12년 동안 독일인들은 히틀러를 구세주로 칭송했다. 히틀러가 누구인 가? 유대인을 증오하고 학살한 장본인이다. '하일 히틀러'(Heil Hitler)라 고 할 때, 독일어로 하일은 만세(hail)와 구원(salvation)을 동시에 의미한 다. 예수의 이름 외에 다른 이로써는 구원이 없음에도(행 4:12) 수많은 사 람이 "하일 히틀러!"를 외쳤다. 무슨 일을 저지른 것인가! 우리가 손을 들 고 경배할 대상은 오직 예수님 한 분이다. 그분께만 구원이 있다. 오랜 세 월이 흘렀지만 하나님은 여전히 독일의 많은 그리스도인이 회개하기를 기다리신다.

교회와 아무 상관이 없는 사람들에게 독일의 과거 문제를 질문하는 것은 부끄러운 일이다. 과거의 잘못에 대한 짐의 무게는 다른 누구보다 그리스도인들이 짊어져야 한다. 성경에 비춰볼 때 우리 그리스도인들은 더 제대로 알고 행동할 수 있었다. 누가복음 12장 48절을 보자. "알지 못하고 맞을 일을 행한 종은 적게 맞으리라 무릇 많이 받은 자에게는 많이 요구할 것이요 많이 맡은 자에게는 많이 달라 할 것이니라." 더 많이 알았던 사람이 다른 사람들보다 더 큰 심판을 받는다고 하셨다.

2006년 1월 27일, 홀로코스트의 생존자인 에른스트 크라머 교수는 독일 의회에서 연설을 했는데, 나치 치하의 제3제국에서 경험한 공포를 이런 말로 표현했다. "당시 가장 큰 충격은 그리스도인의 교회가 철저히 침묵했다는 사실이다."

그런데 최근에는 이러한 침묵 또한 빛 가운데 드러나면서 여러 사실이 밝혀졌다. 일례로 독일의 개신교회가 유대인해체협회(De-Judaization Institute) 활동에 적극적으로 가담한 사실이 드러났다. 그들은 민중신약성서, 찬송가, 교리문답을 새로 출판했는데, 여기에는 유대인의 뿌리가 모두 삭제되어 있다. 유대인의 왕과 그분의 백성을, 신학적으로나 학문적으로 철저히 분리하려는 시도였다.

†

우리는 올바른 신앙적 태도를 취해야 한다. 역사의 잘못을 되풀이하지 않으려면, 왕과 그분의 백성을 분리하는 일을 중단해야 한다. 우리 힘

28

으로 이 전쟁에서 승리할 수 있다고 과신해서는 안 된다. 예수님을 바로 알고 사랑하며 그분만이 참 도움이라는 사실을 기억해야 이전 세대가 저지른 실수를 되풀이하지 않을 수 있다. 예수님, 기도, 그분의 인도 없이도 우리 스스로 할 수 있다고 생각하는 것은 매우 위험하다.

유대인의 왕은 어디에 계실까? 그분의 백성과 함께 계신다. 그분의 백성은 격렬한 전쟁과 테러, 재난, 만연한 죄와 불의, 세계 이목의 중심, 증오의 한복판, 경멸과 중상모략의 한가운데 있다. 그러나 바로 거기에 예수님도 계신다. 하나님을 향한 세상의 증오는 성경의 하나님을 신실하게 믿는 사람들을 향하고 있다. 이 역사의 마지막 때에 유대인과 그리스도인은 함께 공격받는다. 우리 주 여호와이자 왕이신 예수님께 우리 자신을 바치자. 그분을 온전히 사랑하고 철저히 순종하자.

당신의 백성이 나의 백성이 되고

(룻 1:16)

Love for Israel

is only genuine

when it is born out of

the heart of God,

out of the love

with which he himself

loves his people

and out of repentance for

our immeasurable guilt.

There is no other way

to serve Israel

Only this love will draw us

together in mutual blessing,

and open Israel's eyes

for our Beloved

our Lord Jesus Christ.

_M. Basilea Schlink

이스라엘을 향한 사랑은
하나님의 마음에서 우러난 것만이
진실하다.
자신의 백성을 사랑하신
하나님의 사랑으로
이스라엘을 사랑하며
우리의 측량 못할 죄를 회개함으로써
그들을 사랑하자.
이스라엘을 섬길 방법은
오직 하나다.
이 사랑을 통해 우리는
서로 이끌려서 서로 축복하며
이스라엘의 눈이 열려서
사랑하는 자,
곧 우리 주 예수 그리스도를
볼 수 있게 된다.

_바실레아 슐링크

지은이 **요엘라 크루거** Joela Krüger

마더 바실레아 슐링크 사후 기독교 마리아 자매회(Evangelical Sisterhood of Mary)의 리더로
세워진 4명 중의 한 분으로, 해외 파트와 이스라엘 담당을 맡아 섬기고 있으며 주님의 마음이
충만한 분이다.

기독교 마리아 자매회(Evangelical Sisterhood of Mary)
독일 복음주의 루터교회에 속한 초교파적인 개신교 독신여성 공동체로 하나님을 절대적으로 신뢰하는 가운데 의
사를 결정하며 운영하는 공동체다. 각국의 헌신된 자매 2백여 명이 함께 모여 살면서 예수 그리스도의 신부로서
하나님 어린양의 길을 가기로 작정한 수도 공동체다.
　이들의 공동체 삶에 있어 그 출발은 회개다. 제2차 세계대전 때에 독일이 저지른 죄악들에 대한 회개운동으로
시작된 모임이 점차 성장하면서 현재의 공동체를 이루었다. 독일 가나안에는 예수고난 동산이 있어서 이들은 예수
님의 고난을 묵상하면서 날마다 자신들의 죄를 회개하고 기도하기에 힘쓴다. 이렇게 시작되는 기도는 세계의 모든
나라들을 위한, 이 세상에서 일어나고 있는 모든 일들을 위한 그들의 중보기도의 힘으로 연결된다.

이스라엘을 향한 아버지 마음

지은이 요엘라 크루거
옮긴이 장택수
사 진 이원

2010년 5월 18일 1판 1쇄 펴냄

펴낸이 김미라
펴낸곳 Israeli
출판등록 2010년 4월 22일
주소 서울시 서초구 방배본동 766-36 강남빌딩 501호
전화 02-575-1020, 010-9090-3618
전자우편 ddazii@hanmail.net, ddazii@gmail.com
홈페이지 www.kimission.com

ISBN 978-89-964414-0-3

DESIGN 김보형